사랑의 기적

홍수연

사랑의 기적

홍수연

도서출판 디자인21

시인의 말

‘새’가

되어본 적이

있다.

2025년 봄, 홍수연

차례

2부 꽃잎처럼 피어나는 그리움 —— 36

3부 사랑의 기적 —— 62

4부 겨울새 —— 100

1부

두 줄기 별빛

입춘

당신으로 하여,

겨울도 봄인 양 추운 줄도 몰랐는데

또다시, 봄이라니요.

달

잠 못 드는 밤이면

네게로 달려가고 싶었다

지상의 어디에도 없는 네 주소

달이 되어

환히 비추고 싶었다.

행복

아름다운 풍경이나

예쁜 꽃을 보면

행복해진다

그리고

중얼거리곤 하지

살아있음에 감사해!

너를 보면

행복해지는 것도

그런 까닭일까?

그런 날

이상하다

오늘은

아프지도 슬프지도 않다

네가

잘 지내나 보다

그런가 보다

생각한다.

가을

네가 와도

오지 않아도

몸져누웠다.

이별

다시는

너와

어떤 말도

나눌 수 없다는 것

사랑

기쁨의 눈물일까

슬픔의 눈물일까

난데없이 흘러내리는

두 줄기 별빛

족쇄

세상에서 가장 짧은 선로인
너와 나 사이의 거리를

너는 동쪽으로
나는 서쪽으로

등지고 서서

동동거렸다

늘어나지도
줄어들지도 않는

너와 나 사이의 거리는
세상에서 가장 무거운
족쇄였다.

새벽

칼바람 부는
한겨울

빈 나뭇가지에 앉은
작은 새처럼

오돌오돌
떨었다

네가
떠날까, 봐….

무심無心

너와 나의 노래가
굳이 쌍방일 까닭은 없었다

내가
너를 사랑하므로,

나의 노래가
네게 첫 번째가 아니어도 좋았다

내가
너를 사랑하므로,

비우고 비워내

말캉해진 마음이야말로

사랑의 최고 경지!

사랑 2

시가 사라지고
산문도 사라지고

지구상에
너와 나
둘만 남은 느낌

사랑은
지독한
업보

사랑 3

네가
잘 먹고
잘 자고

행복했으면
바라는 거,

별거 아닌 듯
가까이 있는 거,

별거인 듯

별처럼
멀리서

아픈 듯 아프지 않은 듯

반짝이는 거,

사랑이 아니라면

사랑이 아니라면
아픔과 슬픔도 없을 테다

사랑이 아니라면
작열하는 듯한 멍치의 고통도 없을 테다

나, 그대를 사랑하므로

지옥 같은 밤을 보내고

나, 그대를 사랑하므로

다시 일어나

밥 먹고 읽고 쓰기를 반복한다.

이별, 그 후

그대에게 이별을 통보한 날
나는 그대에게 가고 싶었습니다

머리로는 이별하였지만
마음으로는 이별하지 못하였습니다

사랑은
마음이 하는 거였습니다

이별을 결심한 날
해방감에 날아갈 듯 후련하였습니다

태어나서 가장 잘한 일이라고 생각했습니다

하루가 지나고 이틀이 지나고

그대에게로 향하는 소란한 발걸음
애써 눌러야 했습니다

이별도 고통
사랑도 고통이라면

그대, 더 많이 사랑하기로 했습니다.

행복 2

너만 생각하면

불안하고 초조하고 두렵고 설레어,

나는 아무것도 할 수 없는

진공 상태가 된다

백지 상태가 된다

불행의 쓴맛과 단맛을 먼저 알아버린 나는,

아프기 위해 사랑하는 나는,

무엇이 잘못된 것일까

언제부터 어긋나기 시작한 것일까

불행을 행복으로 고쳐 읽는 나는,

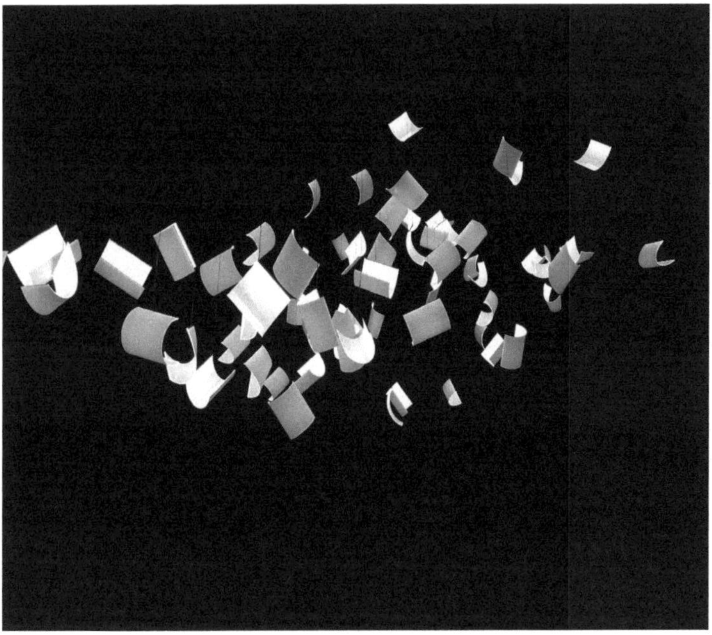

착한 여자

착한 여자는
매력이 없다지만

네게
마지막
착한 여자가 되고 싶어

착한 여자가 되어
네 삶에
유순하게 스며들고 싶어

매일 밤
네가
편안한 꿈 꾸도록 해주고 싶어

맑고 어진 네가
길 잃지 않도록

네 길 환히 비추는
따듯한 별이 되고 싶어

내가 줄 수 있는
사랑이란
이런 거야.

이별, 이 별

그대 만난 이후로
이별에 관한 시만 읽어도
눈물 고였습니다

"사랑은 가고 옛날은 남는 것"
박인환의 〈세월이 가면〉을 읽으며
마음속 우물 깊게 패였습니다

당신과 이별하고 싶지 않은 까닭입니다

만남이 있으면 이별이 있기 마련이라고 하지만

당신과 이별하는 일만은 없었으면 해요

당신과 이별하는 날은
내가 이 별을 떠나는 날일 것이기 때문이에요.

2부

꽃잎처럼 피어나는 그리움

별

아무것도 바라지 않아요

당신을 사랑하므로,

단지
그 사실 만으로

당신에게
이미
많은 것을 받아서예요.

그리움

조금은 쓸쓸한 가을날이었어요

단풍나무처럼 아팠어요

아픈지도 모른 채 아팠어요

별도 사라진 밤

그대 음성 들었을 때

깨달았어요

그대 그리워 아팠음을….

파랑새

당신이었군요

말로만 듣던,
한 번도 보지 못한,
동화 속 새가
당신이었군요

새는 자신의
상처와 눈물로 노래를 자아
사람들에게 나누어준다죠

당신의 노래가
당신의 아픔과 슬픔이었군요

당신의 바다가
당신의 지극한 사랑이었군요

별이고 달이었군요

당신을 사랑해요

나를 사랑하듯이

당신을….

단풍잎

빨갛고 고운 단풍잎 한 장 주워 그대인 듯 호주머니에 넣고 걷습니다 걷고 걸으면 바다에 다다를 수 있을까요? 그날은 샛붉은 장미꽃 환히 피고 꿈인 듯 하얀 눈 내렸으면 합니다 걷고 걸어도 그대에게로 가는 길은 줄어들지 않습니다 사랑의 고통과 환희인 줄 알겠습니다.

안부

불현듯 작은 새들 반짝이는 울음,
이팝나무 가지에 우거지는 오후

당신 안부인 듯하여
나무 아래 앉아
종알종알 당신 말씀
받아 적습니다

잘 지내냐고요?

덕분에 잘 지내요

고마워요.

꽃잎처럼 피어나는 그리움

내 마음속에 있는 이여

그대로 하여

오늘도 무사하였습니다

오늘도 외롭지 않았습니다

깃털처럼 따듯한 어둠이
사람 사는 마을에 내리면

하나, 둘
살아있음을 증명하는
감귤 빛 등불 내걸리고

그 유순한 불빛 바라보며
행복이 무엇인지 알 듯 하였습니다

그대 보시라고
서둘러 꽃불 밝힙니다

그대 보이시나요?

내게서 풀잎만큼 밀려난 어둠
내게서 꽃잎처럼 피어나는 그리움

그대 듣고 계시나요?

사랑 8

응원하고

믿어주고

그가, 그녀가

행복하기를 바라는 것

민들레

나, 여기 있어요

나, 여기 있어요

당신 계신 쪽으로 모가지를 늘리고

흔들리는 듯

흔들리지 않는 듯

나, 여기 있어요.

가을비

그리워할 당신 있어
이 막막한 세상에서
내가 가장 행복한 사람인 줄 알겠어요

당신을 그리워하는 일이
내가 태어나서
가장 잘한 일임을 알겠어요

사랑하는 이여

내게 와줘서 고마워요.

가을날 오후

바람과 나무와 꽃과 새가
없었다면
어떻게 이 광폭한 세상을
견뎌낼 수 있었을까요?

멀리 있는
그대에게
물었어요

때마침
발아래 떨어져
앉는 단풍잎 한 장

당신 대답인 듯하여
책갈피에 갈무리하는
가을날 오후입니다.

사랑 3

\- 파문

책을 읽다가도 느닷없이 두근거리며 절로 얼굴 붉어질 때가 있습니다 오셨나요? 당신, 우리가 이 시각 통하였나요? 턱을 괴고 물끄러미 그대 생각합니다 당신 또한 그러할 것을 압니다 한밤 연둣빛 설렘이 당신으로부터 나에게로, 나에게로부터 당신에게로 동심원을 그리며 퍼져나갑니다. 느닷없이 고이는 눈물은 그리움의 주파수입니다. 느껴지나요? 당신, 단 한 번의 만남도 없이, 이 밤 당신과 내가 통하였나요?

시인의 마음

내가 울면
함께 울어주겠다던 당신,

내가 홀로 슬퍼하지 않도록
곡비처럼 함께 울어주겠다던 당신,

당신이
시인이에요

당신의
그 따듯하고 귀한 마음이
시인의 마음이에요.

가을 새

천고마비의 계절이어서
정말 하늘이 드높아 보이더라는
당신,

오늘도 파란 하늘은
여지없이 드높고

당신을 닮은 가을 새
물푸레나무 가지에 앉아
울음 웁니다

새의 울음은
새의 눈물일까요
새의 인사말일까요
새의 슬픈 노래일까요
환희에 찬 인생 찬가일까요
이 모든 것일까요

멀리 있는 당신에게
가을하늘 한 조각
깨끗한 접시에 담아
보냅니다

바쁜 당신,
잠시 쉬어가시라고….

내 마음속에 사는 예쁜 새

무분별한 자연 훼손으로
인간이 멸종시킨 조류가 1,500종은 된다고 해요

당신은
내 마음속에 사는
예쁜 새

지구별에서
당신이라는 새가
사라질 염려는
없겠지요

내가 이 별을 떠나는 날까지
당신은
내 마음 둥지에서
반짝반짝 빛살 같은 노래
멈추지 않을 테니까요.

당신 때문에 살아요

당신 때문에
자주 웃는 나예요

당신 때문에
파란 하늘 향해
활짝 웃는
장미꽃을 닮고 싶어졌어요

당신 때문에
졸졸졸 말없이 흘러가는
냇물의 깊이를 알 듯 하였어요

고마워요

당신 때문에
살아요.

풀꽃 같은 당신

풀꽃을 좋아한다는
편지를 썼어요

지난밤 잠 못 들고
뒤척인 그리움
꾹꾹 눌러 담아
영영
부치지 못할
편지를 썼어요

당신의 장미꽃처럼 환한 미소와
당신의 소년 같은 순정한 아름다움에 대하여
끝내
홀로 간직할
편지를 썼어요

당신은
처음에도 예뻤지만
자세히 보면
더 예쁘다는
편지를 썼어요

내 마음 몰라주는
당신이
가끔
아주 많이
밉기도 하다고

이름 모를 풀꽃에게
하소연도 해보았어요.

가을비 2

이름 모를 풀꽃들
꽃잎 닫구요

가을 나무 활짝 웃으며
두 손 모아
빗물 받고 있어요

비는
내 마음에 내려요

그대에게로 가는 바다에 내려요

장미꽃 같은 당신에게로 향하는
내 마음에 내려요

단풍 든 내 마음에 내려요.

3부

사랑의 기적

사랑은 더 많이 사랑하는 사람의 것이에요

당신 만나기로 한 날
아침부터 추적추적 가을비는 내려요

당신 만나기로 한 날
나는 아무것도 할 수 없어요
신문도 책도 눈에 들어오지 않아요
읽을 수도 먹을 수도 없어요

애꿎은 시계만 바라봅니다
두근대며
물푸레나무를 깨우는
가을비만 바라봅니다

이 사랑,
나 혼자만의 것이어도
괜찮아요

사랑은
드높은 구름
붙잡을 수 없는
바람

사랑은
더 많이
사랑하는 사람의 것이에요.

사랑의 휴일

사랑에도 휴일이 있다면
당신과 싸운 오늘처럼
먹장구름 가득한 날일까요?

사랑에도 휴일이 있다면
당신과 이별했던
지지난 며칠
일 년 전 그 어느 한 달일까요?

아니, 아니요

내가 이 별을 떠나는 날이
사랑의 휴일이겠지요

아니, 아니요

당신과 나에게
사랑의 휴일은 없어요

나, 이 세상 떠나는 날
캄캄한 밤하늘의 별이 되어
당신 발걸음 걸음
안아줄 거예요

당신의 바다에 내리는
흰 눈 되어
지친 당신 어깨에
포스근히 내려앉을 거예요

당신과 나에게
사랑의 휴일은
영영
없어요.

걱정

은행나무 숲속에서
당신 만난 날

많이 수척해진 당신 모습
마음 아프고 걱정되었어요

살이 조금 붙으면 붙었다고
내리면 내렸다고
걱정하는 나에게

당신은
유별나다고 했지요

그래요

사랑은
평범한 건 아니에요

사랑은

유별난 당신과
유별난 내가 만나

아무도 모르는
둘만의
유별난 이야기를 써 내려가는 것이니까요

그대여,
내게 유별난 사람이 되어주어서
고마워요

평범한 나를
유별나게 만들어 주어서
고마워요

걱정은
아무에게나 하지 않아요

당신이 반짝이는 별이어서
하는 거예요.

가을 단상

단풍잎이 예뻐서
하늘이 맑아서
무엇보다
당신이
곁에 있어서
사는 일이
아름다워요

행복을
가르쳐준
당신,

당신이 있어
행복해요

고마워요.

바람 부는 날

바람 부는 날이면
그대 그리워
무작정 걸었습니다

그리움으로 뒤척이는 새벽
내 곁을 지켜준 것 또한,
바람이었습니다

폴 발레리의 시구절
〈바람이 분다 살아야겠다〉에 매료되었던
젊은 날
바람과 함께 별을 찾아
걷고 또 걸었습니다

가지런한 머리카락
일그러트리는 바람
복잡한 머릿속을

얼음처럼 깨우는 바람
상기된 두 뺨
이슬 세수하는 바람

오늘도
바람 맞으러
길을 나섭니다

사는 일이
바람 맞는 일
아니겠는지요

사랑도
뜻대로 풀리지 않는 날
바람을 친구삼아
걷고 또 걷습니다.

나를 살게 하는 사람

그대에게 가고 있어요

매일 매분 매초

시시각각

그대만 생각하며

그대에게 가고 있어요

이 그리움의 길 끝에

무엇이 기다리고 있는지

알지만, 아는 체 하고 싶지 않아요

그대에게로 길을 내고 있는

매 순간순간이

내겐 더 소중하기 때문이에요

그대만이

나를 살게 하기 때문이에요.

사랑의 기척

스케쥴 잘하라고

나도 열심히 살 테니

당신도 활기찬 하루 되시라고

아침 인사를 건넸지만

나는 파도 속에 있었어요

사랑의 기척

희미한 날이었어요.

사랑 7

아무래도
나는
어딘가 고장 난 것만 같으다

그렇지 않고서야

어떻게
하루 종일
너만 생각할 수 있을까

그렇지 않고서야

멀리 있는 네 숨결
이토록 생생할 수 있을까

비련의 여주인공처럼
불치병을 앓고 있는 것이 틀림없어,

하루에도 수십 번
주체할 수 없이 뛰는 심장
분홍빛 두근거림 분홍빛 두 뺨

아무래도
나는
어딘가 고장 난 것만 같으다

너로 눈뜨고
너로 잠드는

하루 한 달 n년!

천국

한적한 공원 벤치에 앉았습니다
나무와 이름 모를 풀들과 함께 있습니다

천국이 있다면 이런 곳일 거라고 생각했습니다

나무는 말이 없습니다
세상의 온갖 어둠으로부터 멀리 있습니다

풀은 사람을 해치지 않습니다
그저 지켜보고 바라봅니다

잎잎이 수백 개의 눈을 매달고 선 대왕참나무
침묵으로 내게 묻습니다

오늘 하루 무슨 생각에 골똘했는지
어디로 가고 있는지 묻습니다

멀리서 말없이 나를 지켜보는
참나무 같은 당신은
나의 유일무이한 천국입니다.

나 위의 나

당신을 만난 후로
사는 일이
맑은 강물처럼 신나요

아침엔
깨끗한 식탁을 차리고
오후엔
두세 시간을 걸었어요

건강하게
살뜰하게
살고 싶어졌어요

당신은
나의 엔돌핀
당신은
나의 풀꽃

당신은
나의 푸른 별

당신은
나보다 더한 나,
나 위의 나예요.

행복 10

당신만
생각하면
절로 미소가 떠올라요

당신만
생각하면
바다 같은
기쁨 차올라요

당신,
생각만 해도
좋은 당신

당신과 같은 세상에서
호흡하고
사랑을 나눌 수 있어

세상에서
가장 행복한 여자가
나인 줄 알겠어요.

행복한 말

당신에게 들은
행복한 말이에요

내 사람
내 친구
내 슬픔
내 기쁨

이제는 울지 말아요
마음이 아파요
슬퍼 말아요
내 사랑
나는 못가요

그 따듯함으로
나를 살게 하는
당신의 말

고마운
당신

그리움

새벽이면
뒤척이는 파도처럼 아팠다

네 곁을 떠났던
그 어느 날처럼…

대체 어쩌자는 건지

어쩌자고

나는 네게로
네게로만
가고 있는 것인지

어쩌자고

대체 어쩌자고,

더 이상 나아갈 수도 없고
되돌아갈 수도 없을 때

쏟아지는 눈발

그대, 천천히 오세요

그대 나를 사랑하지 않아도
그대 사랑하는 일은
아름다운 일입니다

사랑은
지상에는 없는
마음의 지도를 그리는 일입니다

그대,
천천히 오세요

내가 쓸고 닦아놓은
한적한 오솔길

그대,
천천히 오세요

나,

그대 사랑으로

이미 짙푸른 녹음이에요

그대,

천천히 오세요

나,

그대 기다림으로

이리 포근한 눈인걸요.

사랑길

그대에게로 가는
하늘길을 걷습니다

일곱 빛깔 찬연한 무지개 길이었다가
먹구름 잔뜩 흐리기도 한 길

세상사가 그러하듯
사랑 또한,
눈비 내리기도
화창하기도 합니다

속절없고
안개 같은 이 길을
변함없이
걸을 수 있음은

바다 같고
마중물 같은
당신을 믿기 때문입니다.

어디에 계시나요

어디에 계시나요?

당신 발걸음 뜸한 날

나는 낙엽처럼

이리저리 헤매는 마음이에요

가랑비처럼

오락가락하는 마음이랄까요?

그대여,

멀리 있되
너무 멀리는 있지 마세요

그대여,

가까이 계시되
너무 가까이는 계시지 마세요

당신 뜻대로 하시되
너무 오래
홀로 두지는 마세요

나는
당신의 이슬 같은 기척
먹고 사는
아침꽃이에요

나는
당신의 달콤한 노래
먹고 사는
저녁꽃이에요.

그대는 누구신가요

아프지 마세요

내가 사랑하는 사람들은
아플 일 많은 세상에서
부디, 아프지 않았으면 좋겠다는
편지를
당신에게 보냈지만

언제나 먼저 아픈 건
나예요

멀리 있는 당신

해바라기하다 지친
나는 아파요

몸은 정직해서
마음보다 먼저 아프죠

잊을 수도 없고
잊어야만 하는
그대는
누구신가요

어떤 운명이 있어

그대와 나
이토록 잠 못 이루고
아파야 하는 지요.

참 좋은 당신

그대 감은 눈
초승달 같은 그 눈이 예뻐서
햇살 같은 그 속눈썹이 예뻐서

그 감긴 눈
한참 바라보다,
쓰다듬어 보다,

눈을 떠도 감아도
감출 수 없는
그대 별처럼 맑은 눈동자가 예뻐서

그대여
내 곁에선
잠도 자지 마요

바라보기에도
아까운 당신
참 좋은 당신

4부

겨울새

기다려 주세요

지키지도 못할
참다래 같은 약속
많이도 했군요

사랑은 정물이 아니어서

어제 마음 화창했다가
오늘 마음 장대비 내리기도 하는 것이어서

어제의 사랑이 다르고
오늘의 사랑이 다른데

지키지도 못할 약속을

영원한 사랑을 약속했군요

기다려 주세요

그대여,

맑은 날 있으면 흐린 날 있듯이
며칠 끝 간 데 없이 앓고 나면

언제 그랬냐는 듯

코스모스처럼 해사한 얼굴로
당신에게 안길 거예요.

너는 있다

이제
너는 내 곁에 없지만

읽고 있는 책 속에
내 마음도 모르고
무진장 쏟아지는
겨울 오후 햇살 속에

네가 없는
텅 빈 시간을 데우는 찻잔 속에
집안을 부유하는 먼지 속에
화병 속에
액자 속에
건조기 속에
양탄자 속에
두꺼비집 속에

너는 있다

무엇보다

보내지 못한
내 마음속에 있다.

스타일

그가
숨 쉴 수 있도록 해주는 것

그가
마음 편히 지낼 수 있도록
용기를 주고
격려를 아끼지 않는 것

그게
'멋'

그게
내 '스타일'이야.

당신 마음속엔 누가 사나요

내 마음속엔
당신이 살아요

그리하여

아무도
아무것도
부럽지 않아요

아무도
아무것도
두렵지 않아요.

태어나길 잘했어!

행복해

감사해

너를 만난 후로

나도 몰래 벙그는 말꽃

태어나길 잘했어!

FUJIFILM
X-T30
FUJIFILM
X-T30
OCEAN
Kara Sea
Okhotsk

떠날 수 없는 당신

생각지도 못했던
당신 기별
반가웠어요

당신 얼굴 볼 때마다 새롭고
당신 음성 듣고 또 들어도
설레여요

혹여
걱정하셨나요

첫눈 오는 날
내가 길 잃은 고라니처럼
세상을 주유할까
걱정하셨나요?

사랑하는 이여,

당신 내 곁을 떠나기 전까지
나, 당신 떠나지 않아요

나, 떠나지 못해요

당신만이
유일한 내 삶인걸요.

원동력

살아가게 하는 힘이다

이부자리를 떨치고

일어나게 하는 힘이다

살아있음이

얼마나 좋은 일인지

첫눈처럼 감탄하게 하는 힘이다

그대 있어

오늘도 나는 하루를 살아내고….

겨울새

희망은 희망하는 사람의 것이에요
행복은 행복을 꿈꾸는 사람의 것이에요

나, 한여름에도
노랗고 붉은 단풍 우수수 떨어트리는
가을 나무로 살았으니

아픔을 축복으로 알고 살았으니

당신을 만나
비로소
희망을 희망으로
행복을 행복으로 읽을 줄 아는,

나는
늦된 겨울새

당신 밖에 모르는
늦된 사랑새

여름 나무

나도
몰래
서서히
어느새

내 삶의 토대
내 삶의 원천

내 기쁨과 슬픔의 서곡이
되어버린
너

그토록
거부하고 거부하였지만

그토록
도망가고 싶어 발버둥 쳤지만

밑동 굵은 튼실한 여름 나무처럼
내 마음속 깊이
뿌리내린
너를

나는 몰라라

나는 몰라라.

떠날 수 없는 당신 2

나, 당신과 떨어져서는
하루도 못살 것 같아요

헤어진다는 생각만으로도
벌써,
나, 아프기 시작해요

어떡하죠?

헤어질 수도 없고
열렬히 사랑할 수도 없는

내 사랑,
당신을

별도 쉬고 싶을 때가 있다

아파트 화단에 떨어져 앉은 단풍잎들

저 홀로 반짝임에 지쳐
지상으로 놀러 나온 별 같다

별도 쉬고 싶을 때가 있나 보다

따듯한 커피 한 잔의 휴식
필요할 때 있나 보다

오늘도
애써 반짝여야 하는,
네 슬픔 알 것만 같다.

사랑 10

나는
자주
멈추어 선다

나는
지금
어디로 가고 있는 걸까

네게로 가고 있는
이 길이
내가 진정으로
원했던 길일까

네게로 가는
이 길이
내가 그토록
찾아 헤매이던 길일까

난분분한 물음에도
불구하고
네게로 가는 걸음
멈출 수 없는,

어디에도 없는
허공중의 길을
어찌할 수 없는
힘에 이끌려
오늘도 걷고 있는….

해바라기

바쁜 와중에도
해바라기하는 날 많았으면
좋겠다고 전화했지만
정작
해바라기 필요한 사람
나였습니다

그대라는
두근거리는
황금빛 햇살
오래도록
쬐지 못해
시름시름 시들어 가는
가을꽃, 나였습니다.

슬픔 수집가

내게 차고 넘치는 슬픔 부족해서
너를 사랑했는지 몰라
쏟아져 내릴 듯한 별빛 모우기 위해서
너를 사랑했는지 몰라

한겨울 동백꽃 같은
처연한 슬픔 완성하기 위해
너를 사랑했는지 몰라

사랑은
퍼내고 퍼내도
새록새록 솟아나는
슬픔의 천정

사랑의 힘 세듯
슬픔 또한 힘이 세지

슬픔을 사랑하듯
너를 사랑하지.

산책

너라는 환상
너라는 푸름
너라는 맑음
너라는 나무
너라는 구름

너라는 바람

너라는 아름다움

내 곁에 없지만 있는,

너와 함께 걸을 때
나는 혼잣말로 소리치지

행복해~~!

사랑 부자

사람은
말 · 사랑 · 돈으로 산다는데
성경의 한 구절처럼
그중에 제일은 사랑이라

사랑하면
말도 재물도 절로 따라오는 이치

그리하여
세상의 근간은
사랑 아닐는지

너를 사랑했을 때

나는
아무것도 두렵지 않았지

가진 것이라곤
사랑밖에 없었으나

하늘 아래 아무것도 부럽지 않았던,

마음 부자
사랑 부자였지.

겨울

보 - 고 - 싶 - 어 -

잠 못 드는 밤

너를 떠나고서야 알았다

네가 나였음을….

에필로그

마지막 한 장 남은 달력처럼

이별은 또 다른 시작임을 알기에

나, 그대에게로

오늘도

묵묵히 걷고 걸을 뿐이에요.

사랑의 기척

1판1쇄 2025년 4월 24일

저자 홍수연
발행인 이경화

발행처 디자인21
주소 04560 서울특별시 중구 퇴계로 293-1 3층
전화 02-2269-6561(대)
팩스 02-2269-6568
이메일 21publish@naver.com
블로그 https://blog.naver.com/publish21
인스타 https://www.instagram.com/21publish.co.kr
홈페이지 https://21publish.co.kr

등록번호 제1-1128호
등록일자 1991.2.12

ISBN 978-89-6131-176-2 03810

정가 12,000원